BEI GRIN MACHT SICH IHR WISSEN BEZAHLT

- Wir veröffentlichen Ihre Hausarbeit, Bachelor- und Masterarbeit

- Ihr eigenes eBook und Buch - weltweit in allen wichtigen Shops

- Verdienen Sie an jedem Verkauf

Jetzt bei www.GRIN.com hochladen und kostenlos publizieren

Alexander Liebram

Evolutionstheoretische Ansätze bei der Organisationsentwicklung- und Führung

Zu: Kieser A. & Woywode, M. "Evolutionstheoretischer Ansatz" [Buchabschnitt] // Organisationstheorien / Buchverf. Kieser A. (Hrsg.). - Stuttgart : Kohlhammer, 2002. - Bd. 5.

GRIN Verlag

Bibliografische Information der Deutschen Nationalbibliothek:

Die Deutsche Bibliothek verzeichnet diese Publikation in der Deutschen Nationalbibliografie; detaillierte bibliografische Daten sind im Internet über http://dnb.d-nb.de/ abrufbar.

Dieses Werk sowie alle darin enthaltenen einzelnen Beiträge und Abbildungen sind urheberrechtlich geschützt. Jede Verwertung, die nicht ausdrücklich vom Urheberrechtsschutz zugelassen ist, bedarf der vorherigen Zustimmung des Verlages. Das gilt insbesondere für Vervielfältigungen, Bearbeitungen, Übersetzungen, Mikroverfilmungen, Auswertungen durch Datenbanken und für die Einspeicherung und Verarbeitung in elektronische Systeme. Alle Rechte, auch die des auszugsweisen Nachdrucks, der fotomechanischen Wiedergabe (einschließlich Mikrokopie) sowie der Auswertung durch Datenbanken oder ähnliche Einrichtungen, vorbehalten.

Impressum:

Copyright © 2010 GRIN Verlag GmbH
Druck und Bindung: Books on Demand GmbH, Norderstedt Germany
ISBN: 978-3-656-07550-9

Dieses Buch bei GRIN:

http://www.grin.com/de/e-book/183315/evolutionstheoretische-ansaetze-bei-der-organisationsentwicklung-und-fuehrung

GRIN - Your knowledge has value

Der GRIN Verlag publiziert seit 1998 wissenschaftliche Arbeiten von Studenten, Hochschullehrern und anderen Akademikern als eBook und gedrucktes Buch. Die Verlagswebsite www.grin.com ist die ideale Plattform zur Veröffentlichung von Hausarbeiten, Abschlussarbeiten, wissenschaftlichen Aufsätzen, Dissertationen und Fachbüchern.

Besuchen Sie uns im Internet:

http://www.grin.com/

http://www.facebook.com/grincom

http://www.twitter.com/grin_com

Essay für das Fach
„Arbeitssystemgestaltung und Prozessergonomie"

Fach:	Arbeitssystemgestaltung und Prozessergonomie
Semester:	Wintersemester 2010/11
Thema:	„Evolutionstheoretische Ansätze"
Name:	Alexander Liebram
Studiengang:	Regenerative Energie & Energieeffizienz
Abgabedatum:	31.12.2010

Inhalt

1. ABKÜRZUNGSVERZEICHNIS 2
2. EINFÜHRUNG 2
3. BIOLOGISCHE EVOLUTION IM BEZUG ZUM POPULATION-ECOLOGY-ANSATZ 3
4. AUSSAGEN DES POPULATION-ECOLOGY-ANSATZ 5
5. EVOLUTIONÄRES MANAGEMENT 7
    5.1 ST. GALLENER ANSATZ 7
    5.2 MÜNCHNER ANSATZ 8
6. FAZIT 9
7. LITERATURVERZEICHNIS 9

1. Abkürzungsverzeichnis

comps   -   competences

2. Einführung

Die Evolution wie sie von Charles Darwin erläutert wurde trifft nicht nur auf Lebewesen, sondern auch Unternehmen und Organisationen zu. Denn auch solche Institutionen machen Prozesse der Veränderung durch, wie zum Beispiel die Erweiterung des Produktionsprogrammes oder die Ausrichtung auf neue Geschäftszweige. Diese Änderungen werden durchgeführt um mit Lösungskonzepten bestehende Probleme abzustellen. Genau diese Wandlungsprozesse werden im evolutionstheoretischen Ansatz jedoch nicht durch Gestalter iniziert, da Organisationen zu komplex sind, um durch geplante Eingriffe einen berechenbaren Endzustand zu erreichen. Das heißt nicht die Gestalter, sondern die Auslese durch die Umwelt entscheidet welche Organisationsformen am Markt bestehen und somit weiterexistieren.[1]

In den folgenden Abschnitten wird auf die Konzepte der evolutionstheoretischen Organisationsentwicklung, mit besonderem Blick auf den Population-Ecology-Ansatz, eingegangen. Zu Anfang wird der Bezug zur biologischen Evolution hergestellt, um

---

[1] siehe Literaturverzeichnis [1] S. 253

anschließend die Formen der Evolution in Organisationen zu erläutern. Weitergehend werden dann zwei Managementkonzepte vorgestellt und abschließend ein Fazit gezogen.

3. Biologische Evolution im Bezug zum Population-Ecology-Ansatz

Die Kernthese der Evolutionstheorie besagt, dass die Lebewesen, welche sich am besten an ihre Umwelt angepasst haben die größeren Überlebenschancen besitzen und somit länger leben und sich dementsprechend häufiger fortpflanzen. Wodurch die vorteilbringenden Gene vielfach weitergegeben werden. Im folgenden wird die biologische Evolution und der Population-Ecology-Ansatz in ihren Grundannahmen gegenübergestellt.

Die Analyseeinheit bei der Evolutionstheorie stellt nicht das Individuum, sondern die Population dar. Der Genpool einer Population umfasst hierbei alle Anlagen um Eigenschaften herauszubilden, die das Überleben erleichtern.[2] Auf Unternehmen bezogen bedeutet das, dass ebenfalls Zusammenschlüsse von Unternehmen betrachtet werden und nicht nur einzelne. Analog zum Genpool in der Tierwelt besitzen Organisationen einer Population ähnliche Grundstrukturen in Form einer gemeinsamen organisationalen Form.[3]

In der Biologie wird der Genpool durch Mutationen bereichert, welche durch sprunghafte Veränderung von Genen hervorgerufen werden.[4] Dieser schnelle Wandel von Eigenschaften ist auch bei Organisationen beobachtet wurden und ist zurückzuführen auf technologischen Wandel, aber auch die Entdeckung neuer Rohstoffe, politische Umstürze und ökonomische Schwankungen. Durch diese Veränderungen in der Umwelt ergeben sich Chancen, die sich einige Unternehmen zu Nutze machen.[5] Um die Möglichkeiten optimal auszuschöpfen muss jedoch die Organisationsform angepasst werden, was dann zu Mutationen führt. Das Äquivalent zum Genpool bilden die *competences* (auch als *comps* abgekürzt). Sie sind die genetischen Merkmale die das Problemlöseverhalten bestimmen und zum Überleben beitragen. Solche *comps* sind beispielsweise Patente, Unternehmensphilosophien, Produktionstechniken, Führungsrichtlinien und weiteres. *Competences* erfolgreicher Unternehmen verbreiten sich schneller als die weniger erfolgreicher. Das geschieht dadurch,

---

[2] siehe Literaturverzeichnis [1] S. 254
[3] siehe Literaturverzeichnis [1] S. 256
[4] siehe Literaturverzeichnis [1] S. 254
[5] siehe Literaturverzeichnis [1] S. 257f.

dass die Mitarbeiter erfolgreicher Organisationen auf Tagungen sprechen, oder Unternehmensberater diese Eigenschaften weiter empfehlen, sowie viele andere Vorgänge (u.a. Industriespionage).[6]

In der Evolutionstheorie nach Darwin wird weitergehend erwähnt, dass Individuen die Fähigkeit zur Reproduktion besitzen, wodurch neue Lebewesen entstehen. Diese sind keine exakt Kopie, sondern vielmehr eine Variation der Gene der Eltern. Auf diese Weise wird der Genpool durchmischt und mit neuen Eigenschaften angereichert.[7] Auch dieser Prozess ist in der Welt der Organisationen vorhanden. Neugründungen und Tochterunternehmen entstehen durch die Reproduktion von Organisationen. Auch hier werden nicht alle Eigenschaften imitiert, sondern es kommt zu Abwandlungen und Variationen. Beispielsweise wird die Organisationsform erfolgreicher Unternehmen kopiert und bei Neugründungen versucht zu übernehmen. Dieser Kopiervorgang gelingt jedoch nicht zu einhundert Prozent, wodurch Variationen in der Population entstehen.[8] Bei der Reproduktion von Organisationen müssen erfolgsversprechende *competences* weitergegeben werden. Dies geschieht dadurch, dass bürokratische Routinen entwickelt werden. Somit werden Verfahrensrichtlinien und Handlungsanweisungen fest verankert und an ausgegründete Unternehmen weitergegeben.[9]

Ein zentraler und häufig verwendeter Begriff der Evolutionstheorie ist die Selektion. Diese ist gleichbedeutend mit unterschiedlichem Fortpflanzungserfolg, dass heißt die Lebewesen, die nicht so gut an ihre Umwelt angepasst sind werden dadurch von der Fortpflanzung ausgeschlossen, da sie nicht lange genug überleben. Die Voraussetzung der Selektion ist, dass sich die Population so stark vermehrt hat, dass der Lebensraum nicht mehr genug Ressourcen zum Überleben für alle bietet.[10] Auch dieser Effekt ist in der Wirtschaft zu beobachten, wenn nicht-effiziente Unternehmen und Organisationen durch Insolvenzen und feindliche Übernahmen eliminiert werden. Wenn eine Organisation ihrem gesellschaftlichem Auftrag nicht mehr gerecht wird und die zum Überleben nötigen Ressourcen nicht akquirieren kann, scheitert sie im Konkurrenzkampf. Die Unternehmensumwelt stellen

---

[6] siehe Literaturverzeichnis [1] S. 259
[7] siehe Literaturverzeichnis [1] S. 254
[8] siehe Literaturverzeichnis [1] S. 257
[9] siehe Literaturverzeichnis [1] S. 259f.
[10] siehe Literaturverzeichnis [1] S. 254

hierbei ökonomische, politische und rechtliche Rahmenbedingungen dar. Durch den Selektionsprozess wird die Population einer Organisation langfristig von ihrer Struktur immer homogener.[11]

In der biologischen Evolutionstheorie wird weiterhin auf die Herausbildung neuer Arten durch räumliche Trennung eingegangen. Dieser Vorgang läuft ab, wenn sich zwei Gruppen einer Population an unterschiedliche Lebensräume anpassen müssen, wodurch es zu einer genetischen Isolation kommt. Dieser Fakt wird im vorliegenden Material jedoch nicht auf Organisationen bezogen.[12]

4. Aussagen des Population-Ecology-Ansatz

Der Population-Ecology-Ansatz erläutert mehrere Gesetzmäßigkeiten im Zusammenhang mit der Überlebenswahrscheinlichkeit. Als erstes wird *die liability of newness* erwähnt, also die Anfälligkeit der Neuen (Jungen). Hierdurch wird die Tendenz beschrieben, dass junge Unternehmen häufiger aus dem Markt ausscheiden als etablierte. Denn die Führungskräfte in jungen Unternehmen müssen ihre gesellschaftliche Rolle erst erlernen. Weiterhin besitzen die alteingesessenen Unternehmen bessere Netzwerke und Außenbeziehungen, was ihnen zu einem Wettbewerbsvorteil verhilft. Mit zunehmenden Unternehmensalter wird die externe Legitimation zu Banken, Kunden und Lieferanten einfacher und fehlerfrei, wodurch sich auch die Reproduzierbarkeit der Organisationsstruktur erhöht.[13]

Anderseits und dem entgegen sprechend gibt es die *liability of adolescence* (Anfälligkeit der Jugend). Hier wird zum Ausdruck gebracht, dass erst nach einer Schonfrist die Selektion des Marktes zum tragen kommt und die Gefahr des Scheiterns steigt. Bis dahin profitieren Unternehmen, welche neu in einen Markt eintreten von einem ihnen entgegengebrachten Vertrauensvorschuss.[14]

Die nächste Anfälligkeit ist die des Alterns, also die *liability of aging*, die aussagt, dass sich aufgrund der strukturellen Trägheit des Unternehmens die Anpassungsfähigkeit an sich wandelnde Umweltbedingungen mit zunehmendem Alter verschlechtert. Bei stabilen

---

[11] siehe Literaturverzeichnis [1] S. 258
[12] siehe Literaturverzeichnis [1] S. 254
[13] siehe Literaturverzeichnis [1] S. 261
[14] siehe Literaturverzeichnis [1] S. 262

Umweltbedingungen ist die Scheiterrate dann altersunabhängig. Bei dynamischen Marktbedingungen besitzen junge Organisationen Wettbewerbsvorteile, da sie geringe Gemeinkosten, durch fehlende festgesetzte Regeln, Routinen und Strukturen, besitzen.[15]

Die *liability of smallness*, beschreibt den Zusammenhang Unternehmensgröße und Überlebenswahrscheinlichkeit. Kleine Organisationen der gleichen Altersgruppe besitzen eine geringe Überlebenswahrscheinlichkeit als größere. Das liegt daran, dass Großunternehmen Vorteile besitzen bei der Kapitalakquirierung, der Beschaffung und dem Vertrieb, sowie im Wettbewerb um qualifizierte Arbeitskräfte. In eine etwas andere Richtung tendiert jedoch die Theorie der *liability of the middle*. Die aussagt, dass die Überlebenswahrscheinlichkeit sinkt bei größer werdenden Strukturen, jedoch ab einer gewissen Unternehmensgröße wiederum ansteigt.[16]

Zur Unternehmensgründung wird ausgesagt, dass die Organisationen zu diesem Zeitpunkt ihre grundlegenden Charakteristika erhalten, die auch über den gesamten Lebenszyklus weitgehend konstant bleiben. Weiterhin werden Unternehmen mit positiven Gründungseigenschaften häufiger positiv selektiert, in Form von Aufträgen durch das Umfeld, sodass sich diese Charakteristik zunehmend in der Population verbreitet. Es wird davon ausgegangen, dass es Merkmale gibt, die über den Gründungszeitpunkt hinauswirken und die Überlebenschancen nachhaltig steigern. Dazu zählen die Kapitalhöhe, die Eigentümerstruktur und die verwendete Technologie als Beispiel für interne Merkmale. Externe Merkmale mache sich deutlich im politischen Klima und der gesamtwirtschaftlichen Lage, sowie der Marktkonzentration .Interessanterweise konnte bei Studien in der Branche der Printmedien festgestellt werden, dass die Konjunktur keinen Einfluss auf die Überlebenswahrscheinlichkeit hat.[17]

Der Population-Ecology-Ansatz erwähnt ebenfalls die Überlebenschancen und Strategien von Organisationen in verschiedenen Umweltformen. So überleben in stabilen Märkten eher spezialisierte Unternehmen, während in dynamischen Branchen die generalisierten Organisationen höhere Überlebenschancen besitzen. Unterschieden wird weiterhin in zwei

---

[15] siehe Literaturverzeichnis [1] S. 262f.
[16] siehe Literaturverzeichnis [1] S. 263
[17] siehe Literaturverzeichnis [1] S. 264

verschiedene Fortpflanzungsstrategien. Zum einen werden in Marktsegmenten, die noch nicht von ausgeprägter Konkurrenz gekennzeichnet sind, viele, schnelle und risikoreiche Neugründungen vorgenommen. Hier wird eine hohe Sterblichkeit der ausgegründeten Unternehmen in Kauf genommen. Zum anderen existiert die Strategie durch wenige und sorgfältig geplante Neugründungen am Markt zu bestehen. Hierbei wird jedoch auf den „Vorteil des Ersten" verzichtet. [18]

Die Theorie des Population-Ecology-Ansatz gibt auch Information zur Überbevölkerung, indem ausgesagt wird, „mit zunehmender Populationsdichte steigt zunächst die Gründungswahrscheinlichkeit neuer sowie die Überlebenswahrscheinlichkeit etablierter Unternehmen. Erhöht sich die Populationsdichte aber über einen kritischen Wert hinaus, so sinkt die Gründungswahrscheinlichkeit ebenso wie die Überlebenswahrscheinlichkeit der etablierten Unternehmen." (S. 267). Organisationen einer Population treten dann in Konkurrenz zu Unternehmen der eigenen Population, da die Ressourcen (Kapital, Mitarbeiter, Lieferanten) nicht mehr in ausreichender Menge für alle vorhanden sind. Die Wettbewerbsintensität steigt demnach stark an und es entwickelt sich ein Verdrängungswettbewerb.[19]

5. Evolutionäres Management

Die Kernthese des evolutionären Managements besagt, dass aufgrund der nicht beherrschbaren Komplexität von Managementproblemen, die Führung eines Unternehmens günstige Rahmenbedingungen für die Selbstorganisation und Evolution der Organisation bereitstellen soll.[20]

5.1 St. Gallener Ansatz

Der St- Gallener Ansatz geht in seinem Grundkonzept davon aus, dass Regeln von niemandem bewusst gesetzt werden müssen, da sie im Laufe der Evolution durch die Interaktion zwischen Individuen mit ihrer Umwelt entstehen. Weiter wird festgehalten, dass soziale Systeme sich selbst organisieren können, womit sich ihre Verhaltensweisen in evolutionärer Weise weiter entwickeln. Der St. Gallener Management Ansatz schlussfolgert

---

[18] siehe Literaturverzeichnis [1] S. 265
[19] siehe Literaturverzeichnis [1] S. 266ff.
[20] siehe Literaturverzeichnis [1] S. 275

darauf basierend, dass Komplexität nicht verhindert werden sollte, da nur dadurch eine hohe Anpassungsfähigkeit gegeben ist. Konkret heißt das, dass komplexe statt einfache Erklärungsmuster verwendet werden sollen, es ist stets mit Überraschungen zu rechnen, Alternativen sollen offen gehalten werden und es sollte mit unterschiedlichen Steuerungsvorgaben gearbeitet werden. Der Manager sollte sich daher darauf konzentrieren, Voraussetzungen zur Selbstentfaltung zu schaffen, sodass sich Organisationsstrukturen im Sinne lebensfähiger Systeme ergeben, als Beispiel wird hierfür das Zentralnervensystem genannt. Außerdem soll sich auf Vorläufigkeit eingestellt werde und autonome Systeme und Subsysteme sollten entstehen, deren Handlungen nicht durch detaillierte Vorschriften, Inhalte und Verhaltensregeln beschränkt sind. Diese Punkte gehen einher mit einer Dezentralisierung und der Bildung einer Organisationskultur, welche Koordinationsmechanismen übernimmt.[21]

5.2 Münchner Ansatz

Auch die Münchner Schule geht davon aus, dass Organisationen zu komplex sind, um vom Management beherrscht zu werden. Allerdings sind die daraus gezogenen Schlussfolgerungen und Maßnahmen gegensätzlich zu denen der St. Gallener Sichtweise einer lockeren und kooperativen Führung. Das ist unter anderem an der Argumentation erkennbar, dass es umso aufwendiger ist Probleme zu identifizieren und zu lösen, je mehr Betroffene am Diskurs teilnehmen. Daher sollten die betroffenen Personen lediglich an der Detailplanung teilhaben und wenn in diesem Prozess kein schneller Konsens gefunden wird, muss die Unternehmensleitung ihr Weisungsrecht in Anspruch nehmen. Die Intension dieser Beteiligung ist es, dass die Mitarbeiter die Planung besser akzeptieren, da sie daran mitgewirkt haben, wenn auch nur zu einem kleinen und eher unbedeutenden Teil. Weitergehend hält der Münchner Ansatz fest, dass es für die Unternehmensleitung höchst riskant wäre die Gestaltung von Systemen selbstorganisatorisch ablaufen zu lassen. Stattdessen sollten vorgefertigte Alternativen präsentiert werden, für die sich entschieden wird und die unter Umständen modifiziert werden.[22] An den genannten Fakten ist eindeutig erkennbar, dass die Münchener Schule einen restriktiven Führungsstil empfiehlt, der als erfolgsorientiert anstatt verständigungsorientiert beschrieben werden kann.

---

[21] siehe Literaturverzeichnis [1] S. 276ff.
[22] siehe Literaturverzeichnis [1] S. 284f.

6. Fazit

Die Autoren Kieser und Woywode haben in ihren Ausführungen über die evolutionäre Entwicklung von Organisationen, bezugnehmend auf die biologische Evolution dargelegt, welche Überlebensstrategien und Voraussetzungen Unternehmen benötigen um am Markt bestehen zu können. Weiterhin wurde die Thematik mit zwei gegensätzlichen evolutionären Managementkonzepten ergänzt. Letztendlich wurde ein Bild gezeichnet, welches zeigt das durch Auslese der Umwelt entschieden wird, welche Eigenschaften einer Organisation von Nutzen sind und die Möglichkeit der Verbreitung erhalten.

7. Literaturverzeichnis

[1] **Kieser A. & Woywode, M.** "Evolutionstheoretischer Ansatz" [Buchabschnitt] // Organisationstheorien / Buchverf. Kieser A. (Hrsg.). - Stuttgart : Kohlhammer, 2002. - Bd. 5.